多彩中国

梁敏玲/文

五洲传播出版社

目录

蓝
之篇

绿
之篇

黄
之篇

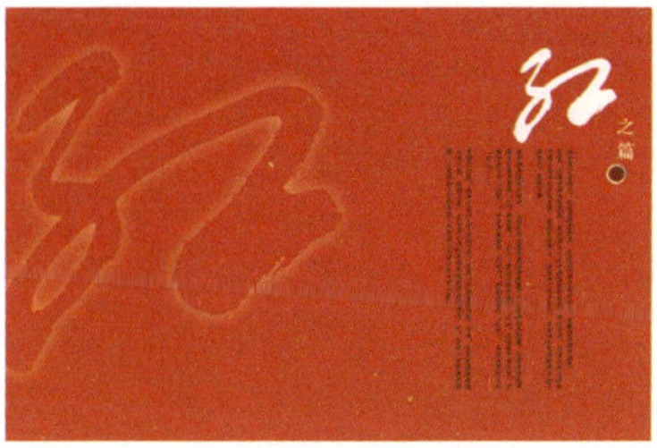
红
之篇

从色彩看中国

大千世界，正是因为有了色彩的装点，才会变得如此生机勃勃。无论漫步在鸡犬相鸣的乡间，还是行走在车水马龙的都市，从大自然的花红柳绿，到城市建筑的五光十色，我们无时无刻不生活在色彩的包围之中。

科学家将色彩定义为光作用于人眼引起的一种视觉特性。不过，色彩并不仅仅是一种单纯的物理现象。人们用色彩点缀生活，用色彩表达情感，用色彩承载价值、寄托理想。在漫长的历史中，色彩积淀下了远远超越自身自然属性的文化意蕴。

一位伟人曾经说过，色彩是一切艺术手段中最富于大众特征的语言。色彩来源于自然，集合于生活，显现于历史。于是，一个民族所倾心的色彩往往会构成一个国家的标志，一种文化的基调。

中华民族是善用色彩的民族。大自然的一切色彩，不管是中原大地的黄土金穗，还是北国的皑皑白雪、南疆的青山绿水，都带给了中国人巨大的灵感。在中国传统文化、艺术中，既有姹紫嫣红的绚丽夺目，也有墨分五彩的淡雅从容；既有宫廷皇室的金碧辉煌，也有百姓乡里的素朴靛蓝；既有彩绘、刺绣的鲜艳欲滴，也有白瓷、温玉的纯净无暇……

在民间百姓的生活中，五颜六色有着更加鲜活的生命力。在黄河流域的汉族乡村，一年之中最隆重的春节总是从张贴大红色的剪纸和年画开始；在西南的苗族山寨，姑娘们会穿上交织着黑、白、黄、蓝、紫、红、橙等多种色彩的绚丽盛装迎接节日；在内蒙草原，蒙古族人喜欢天一样的蓝、云一样的白，姑娘们喜欢用红色的衣袍来衬托绿色的草原；在雪域高原，崇尚白色的藏族人会将房屋的外墙刷上白色，会为尊贵的客人献上洁白的哈达……

千变万化的色彩，与林林总总的生活相呼应。红色通常会让中国人联想到喜庆、吉祥，而白色在汉族文化中则常被视为不祥的象征。即便是明黄、朱紫、宝蓝这些在中国曾经为某一阶层专用的色彩，虽然其专有属性早已不存，但每当提起那个时代，这种色彩的联想依然会出现在人们的脑海中。

色彩的世界是如此丰富，它蕴藏着中华民族的情感智慧，也承载着中国人独特的文化记忆。我们希望，这本《多彩中国》围绕着黑、白、灰、蓝、绿、黄、红七大色彩主题所作的一些诠释，能够像一把钥匙，开启一道特殊的门，让人们从中感受到中国多彩的魅力。

黑之篇

〇

黑色是夜的颜色，深沉、神秘，又显得庄重、严肃。

黑色是无光无色之色。它给人的印象似乎显得单一、沉闷，然而黑色的世界其实并不乏味——古老的黑陶尽情展现着黑色的古朴与典雅；笔墨灵动、意蕴悠长，书法、水墨画再次让黑色在中国文化中有了它充实而光辉的位置……

在西方，黑色常常寓意着哀悼、悲戚甚至恐怖。在中国，黑色对于不同民族有着不同的寓意。汉族及其他一些民族多将黑色视为不祥的象征，而彝族等民族则崇尚黑色，以黑为尊、以黑为美，或者以黑为吉祥。不过在现代生活中，已经很少有人会再将黑色与不吉利联系在一起，相反，黑色甚至变为了人们追逐的最时尚的颜色之一，黑色服饰、黑色家居饰品、黑色轿车、黑色电脑、黑色手机等等，都大受青睐。

广西桂林漓江，夜晚降临，黑色渐渐笼罩了一切。

黑土地

以弯月状分布于中国东北松花江、辽河流域的黑土地带，总面积约100万平方公里，是中国最肥沃、最适宜耕作的土地。在当地寒冷的气候下，死亡的地表植被经过漫长时间的腐蚀，最终演化形成了平均厚度为30厘米~100厘米的黑土层。当地人常用“一两土二两油”来形容它的肥沃。

这片黑土地是世界仅有的三大黑土地之一（另外两处分别位于乌克兰大平原和北美洲密西西比河流域），多年来一直是中国重要的粮食生产基地，素有“北大仓”之称。

乌镇

位于浙江省桐乡市北部的乌镇，有着1300多年的建镇史。据说由于当地民居的墙上常常涂有一种黑色的油漆，而黑色在桐乡一带被称为“乌”，于是此镇得名“乌镇”。

到了乌镇，你会发现这个古镇的确与黑色有着不解的渊源。抬头望去，所有的屋顶都是黑色的；走在又窄又深的石砌街巷上，两边的房屋全是木结构，木墙、木门、木窗，一律是黑褐色；穿镇而过的小河上，瘦瘦的乌篷船缓缓划过，乌黑的船顶与两岸高处乌青的瓦片搭配得再协调也不过；河水里是两岸黑魅魅的老木屋的倒影……

黑色的基调，让这个镇子很宁静，仿佛时间在这里停住了几百年。淡定而从容的乌镇，散发着江南水乡特有的味道，如诗如梦一般。

黑陶

大约在距今一万年前左右，中国进入了陶器时代。在历经了红陶、灰陶、彩陶的演变后，距今四千多年前，一种全新的黑陶艺术崛起了。

黑陶器面不求繁复的装饰，或者完全素面朝天，或者只以简单的纹路和镂孔略加点缀，全凭器体通体醒目的黑色取胜。看似最简单却也最深邃的颜色，造就了黑陶单纯质朴而又充满张力的独特美感。

随着陶器时代的终结、青铜器时代的开启，黑陶渐渐退出了历史的舞台。那些经历了岁月尘封的黑陶，留给后人的是无限的惊诧，以及源自内心深处的震撼。它们被称为“土与火的艺术，力与美的结晶”。

距今7000年的河姆渡文化遗址出土的黑陶盆

距今约4000年的龙山文化遗址出土的黑陶高柄杯。这种黑陶漆黑乌亮，薄如蛋壳，被称为“蛋壳陶”。

墨锭，在砚台里加水研磨，便可产生墨汁。

墨与书法

若论黑色之于中国历史、文化的影响，最为重要者莫过于用于书写的墨。墨与笔、纸、砚一道，被中国古人称为“文房四宝”。

借助于墨与毛笔这两种独特的书写工具，写字本身得以在中国发展为一门独立的艺术。直到今天，书法仍然是全中国爱好者和习练者人数最多的一门艺术。

中国文字的结构与西方文字截然不同。数以万计的汉字形态不一，书法艺术通过汉字点画线条的强弱、浓淡、粗细等丰富变化，以字形、字距和行间的分布，构成优美而又风格各异的章法布局，有的俊秀俏丽，有的气势豪放，有的似玉龙雕琢，有的似奇峰突起，这些都使书写文字带上了强烈的艺术色彩。中国历代书法名家辈出，晋人王羲之（303—361），唐人颜真卿（709—785）、柳公权（778—865），宋人苏轼（1037—1101）、米芾（1051—1107），元人赵孟頫（1254—1322），清人董其昌（1555—1636）等，都创造出了独具一格的书法风格。

永和九年歲在癸丑暮春之初會
于會稽山陰之蘭亭脩稧事
也羣賢畢至少長咸集此地
有崇山峻領茂林脩竹又有清流激
湍暎帶左右引以為流觴曲水

水墨画

水墨画是中国画的一种，主要指纯用水、墨所作之画，相传始于唐朝（618—907）。

水墨画讲究“墨即是色”、“墨分五彩”，以墨为主要原料，根据加清水多少的不同，调出浓墨、淡墨、干墨、湿墨等不同墨色，进而表现不同物象的层次、明暗和质感。虽然只是单色，却同样可以描画出多彩的自然，甚至达到“无色”胜“有色”的效果。

墨色的变幻和富于象征，构成了水墨画独特的艺术韵味，中国古代文人常称之为“墨韵”。唐代时，诗人、画家王维（701—761）率先提出了“画道之中，以水墨为最上”。在其后的一千多年里，水墨画一直备受文人推崇，被认为是最能得天地自然之意的绘画形式。在他们看来，墨色之黑再配以纸张之白，虽简单却足以表现天地万物，更胜在“朴素而天下莫能与之争美”。

董其昌（1555—1636）水墨山水画《岚容川色》

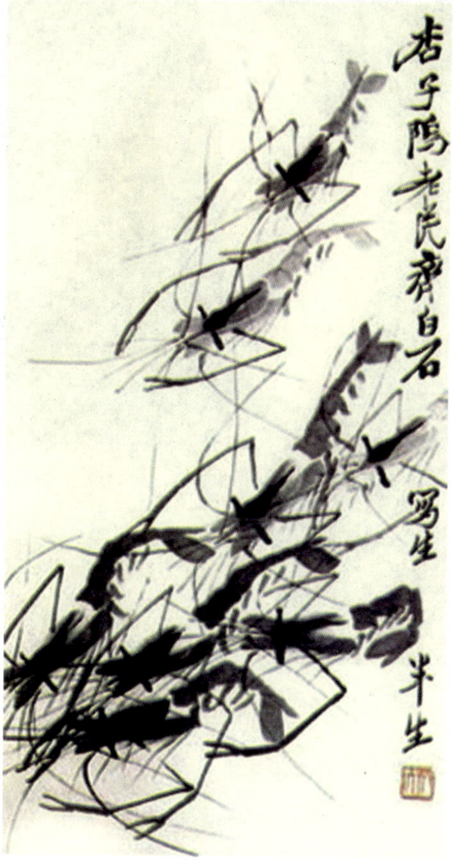

齐白石（1864—1957）水墨写意画《虾》

◀“书圣”王羲之字帖《兰亭序》，被后人誉为“天下第一行书”。

黑色脸谱

中国人把以某种颜色在戏曲人物脸上勾画出的特定图案，称为“脸谱”。京剧中的脸谱有几千种之多，依脸膛主色，可分为红、紫、白、黄、黑、蓝、绿等色。不同的色彩绘制在不同的图案轮廓里，象征着不同人物的身份和性格。

黑色的脸谱一般用于刚烈、正直、勇猛的人物。京剧中最著名的黑脸人物，当推包拯。包拯在历史上确有其人，生活在北宋（960—1127）。他一生为官不畏权势、执法严明、铁面无私，又清廉爱民，老百姓都称他为“包青天”，士大夫则尊称他为“包公”。

黑衣之韵

壮族是中国少数民族中人口最多的一个民族。在壮族12支支系中，有一支名为“黑衣壮”。相传在古时候的一次战争中，这一族群利用蓝靛草制成的染料，将手脸、衣服都涂黑，作为本族人的标记，最终取得了胜利。从此以后，穿黑衣的习俗代代相传，“黑衣壮”也因此得名。

吹奏芦笙的苗族男子。苗族男子一般穿黑、蓝色服装，头上缠黑色头巾。

四川凉山彝族姑娘。主要分布于云南、四川、贵州和广西的彝族，是一个崇尚黑色的民族，服饰一般以黑或近黑的青蓝等色为主。

盛装的瑶族姑娘。瑶族支系众多，服饰因支系和地域而各有差异，但瑶族人一般都爱穿自织自染的黑色和深蓝色衣服。

贵州丹寨县排调镇的苗族姑娘穿上了她们亲手做的锦鸡舞盛装。相传远古时代，苗族先祖的一支因为战争向西迁徙，美丽的锦鸡帮助他们找到了最后的定居之地，并为他们带来了谷种。因此当地苗族人每年都要举行盛大的纪念活动。女子们会穿上黑色短上衣和装饰着彩带的裙子，将自己装扮得像锦鸡一样，并模仿锦鸡的各种动作，翩然起舞。

◀ 侗族姑娘。自纺、自织、自染的“侗布”，是侗族男女最喜爱的衣料。由于经过反复捶打，棉花的油脂被捶击到布的表面，侗布显得硬挺而乌黑发亮。

白之篇

白色是全部可见光均匀混合而成的颜色，通常被视为光明、纯洁的象征。在岁月的流变中，白色形成了自身独特隽永的文化意蕴。细腻洁白的宣纸、温润如脂的白玉、晶莹秀美的白瓷，这些都是白色留在中国传统文化中的永远印记。

出于宗教信仰和民间习俗等原因，白色是藏族、回族、蒙古族、白族等诸多少数民族崇尚的颜色。这些民族将白色视为正义、高尚、吉祥的化身，尚白构成了他们日常生活和社会文化中重要的组成部分。

而在汉族等民族的传统习俗中，白色很多时候是枯竭而无血色、无生命的表现，是凶兆和悲伤的象征。很多地方都流传着红喜白丧的说法，丧事中人们一般用白色来寄托哀思。因此，在一些喜庆场合下，白色属于被人们排斥的禁忌色。不过随着时代的变迁，这样的观念已经越来越淡化。

白色冰雪世界

冬季的中国北方村庄

青藏高原冰川

珠穆朗玛峰位于中国和尼泊尔两国边界，海拔8844.43米，是世界最高的山峰。

宣纸

中国在西汉时期（前206—25）就已开始了纸的制作。造纸术被誉为中国古代四大发明之一，是中国对世界文明的一大重要贡献。

唐代时宣纸的诞生，标志着古老的造纸技术发展到了它的最高峰。宣纸质地纯白细密，纹理清晰，绵软坚韧，并具有良好的吸水润墨特性。它的整个生产过程由一百四十多道工序组成。直到今天，宣纸还保留着手工制作的传统。

有人曾说，离开了宣纸，中国的书法和绘画便无从表达艺术的妙味。洁白的宣纸上，无论题字还是作画，一笔落成，深浅浓淡，墨韵清晰，层次分明。更重要的是，宣纸之白，与墨色形成了绝佳的呼应，令其字其画跃然纸上，神采飞扬。书画家们也都非常着意于“留白”，极少将整个画幅涂满。不同地方的“留白”，可以解读为不同的内容，例如飞鸟背后的白是天空，游鱼身旁的白是流水。细细品味，那白中似乎也有山动水移、鸟语花香，为观者留下的是一片白而不空的徜徉天地。

李可染（1907—1989）《牧牛图》。画中两头水牛卧于水中，画家不勾一线，但恰到好处的“留白”足以让人有水波漾漾之感。

明代福建德化窑白瓷观音像

北宋白瓷孩儿枕

白瓷

中国是瓷器的故乡。在数千年间，中国的瓷器大致经历了青瓷、白瓷、彩瓷三大发展阶段。其中，白瓷的出现，在制瓷史上有着承前启后的重要意义。

面对历代传下的一件件白瓷精品，人们很难相信，这个素白无华的世界也会如此生动和丰富。瓷工们以白瓷独特的胎釉质感为底蕴，设计出各式各样匠心独运的造型，再辅以简洁却恰到好处的装饰，于是他们手下的白瓷不但没有一丝单调乏味的感觉，反而独有了一份别致、天成的风韵。

“中国白”（BLANC DE CHINE）是法国人对中国明代（1368—1644）福建德化窑白瓷的美称，法国人认为这种白瓷乃是中国瓷器之上品。德化白瓷在中国被称为“象牙白”，其色质乳白如凝脂，光润明亮，晶莹剔透，代表着中国传统白瓷艺术的最高成就。

白玉

在一些西方人看来，玉不过是石头而已。但在中国人眼中，玉早已超越了单纯矿物学的概念。崇玉与爱玉的情怀，始终在中国人心里根深蒂固，绵延不绝。

远古时代，人们用美玉制作祭器，礼拜神祇、祖先。随着儒家文化的兴起，儒学创始人孔子（前551—前479）提出，玉具备仁、智、义、礼等十一德，因此“君子无故，玉不去身”。君子佩玉，目的是“比德于玉”，以玉为标准来规范自己的言行和操守。

种类繁多的玉石中，色泽洁白、质地细腻的白玉尤受中国人推崇。这是因为白玉之白，乃是“君子”温润坚贞的性情、含蓄典雅的才德的最好象征。与其它色质的玉石相比，白玉更富有中国人所追求的文化品格和精神意蕴。

中国最上等的白玉产自新疆和田。和田玉夹生在海拔3500米~5000米高的昆仑山山岩中，经长期分化剥解为大小不等的碎块，崩落在山坡上，再经雨水冲刷流入河水中。和田玉中的极品，色泽洁白到没有一丝杂色，质地细腻、温润，仿若羊脂，被称为“羊脂玉”。

清代（1616–1911）白玉壶

白色脸谱

对外行而言，京剧脸谱不免显得神秘；而对通晓京剧的戏迷来说，只要观其面，常常便能知道这是哪出戏里的哪个人物，或者至少能判断出这个角色的忠奸善恶。

倘若一个抹着大白脸的演员上场了，不消说，这通常是一个奸诈之人。例如京剧里的历史人物曹操（155—220），属于奸雄形象，所以他的脸谱采用白色，来象征其阴险、疑诈的性格。

京剧舞台上，还有一些演员的脸部中央涂着豆腐块大小的白色。戏迷一看到这“白豆腐块”，就知道这个演员是丑角。俗话说“无丑不成戏”，丑角是京剧里的主要行当之一。“白豆腐块”式的脸谱，用类似漫画的手法，巧妙表现了此类人物的喜剧特征。

白色净土

走进西藏，便走进了一个以白色为主的世界。漫长的冬季自不必说，即便是在夏季，高原南部的喜玛拉雅山和北部冈底斯山也堆积着白雪。藏民们最主要的食物糌粑、酥油是白色的，喝的奶和青稞酒也是白色的；穿的是白色衬衫、白色羊毛袄；搭的帐篷以白色居多，住的房屋外墙大都被粉刷成白色，屋门上通常还绘有白色的吉祥图案。白色的经幡、白色的佛塔在西藏更是随处可见……

白色是藏族人崇拜的颜色，是正义、善良、高尚、纯洁、吉祥的象征。在迎送宾客、拜会尊长、拜佛等场合，藏族人常会献上洁白的哈达，以此表达他们真诚、纯净的心愿；饮酒欢乐时，酒壶把上会挂点白色羊毛；姑娘出嫁时，要骑白色的马，表示吉祥如意；家人去世之时，用白色糌粑勾画出引导逝者通向极乐世界的线路；转经的人们在路上看到一块白色鹅卵石，也会很自然地拣拾起来，再供放到高处或玛尼石堆旁，因为他们认为那是“灵石”。

圣洁的雪山

藏族少女。白色是藏族人最喜爱的服饰颜色之一。

白色经幡

白色佛塔

白族

“白白月亮白姐姐，身上穿件漂白衣，脚上穿双白布鞋，披张白羊皮……”

这是在白族人中广为流传的一首民歌，唱的是白族人心目中理想姑娘的形象。从歌中便可以看出，这是个喜爱白色的民族。

白族主要聚居在云南省大理白族自治州。在他们眼中，白色是纯洁、美丽的象征，还含有吉祥、善良、孝顺等意蕴。

白族人的服饰，从头到脚，常以白色为主调。男子的头帕，女子的头饰，男女上衣、裤子，都喜欢用白色。未婚姑娘的头饰一侧，还垂有长长的白色流苏。白族女儿出嫁时，父母会在嫁妆衣箱的四角放上四块白云石，据说这样能使婚姻稳固、早日得子；嫁妆里通常都有一张完整的纯白绵羊皮，这是父母希望女儿能把勤劳朴素的美德带到婆家。

草原之白

在中国北方辽阔的内蒙古大草原上，居住着以游牧为主要生活方式的蒙古族人。蓝天白云下，一望无际的大草原点缀着洁白的蒙古包，白色的羊群如珍珠一样四处散落。白色，被蒙古族人认为是万物之母，是纯洁、高尚、吉祥、万福的象征。在他们的日常生活中，对白色的喜爱和崇拜随处可见。

蒙古族人的饮食中，“白食”（各种奶制品）最受欢迎。在过生日、出远门时，老人们都要端着雪白的奶汁，举行祝福仪式。

“白节”是蒙古族人一年之中最重大的节日，亦称“白月”。一些地区的蒙古族人至今仍保留着“白节”穿白袍、送白色礼品以示吉祥的古老风俗。

在蒙古族婚礼中，白色也被视为吉祥的象征。新郎在迎亲时，腰上要围一条白布，并与新娘同喝一碗洁白的鲜奶。举行婚礼的庆典上，主持人会把新郎、新娘的双手一起放到一个白布口袋里，再一同行礼。做洞房用的蒙古包，也要用“白食”涂抹，以示祝福。

圣洁之白

白色被穆斯林视为最圣洁的颜色。相传伊斯兰教创始人穆罕默德曾教导教民：你们宜常穿白衣，因为白衣最洁最美。

在中国，信仰伊斯兰教的主要有回族、维吾尔族、哈萨克族等10个少数民族。中国的穆斯林男子常穿白衬衫、戴无沿小白帽，妇女则常用白色头巾包头。

白衣同胞

主要聚居在中国东北地区的朝鲜族，自古便有“白衣民族”之称。白色是朝鲜族人最喜爱的服装颜色，他们相互间互称“白衣同胞”。在重大节日及婚丧嫁娶、贵客来访等重要场合，朝鲜族人往往都会穿上白色衣装。对白色的偏爱，典型地反映了这个民族酷爱洁净的特点。

白事

在中国汉民族以及其他一些民族的传统中，白色除了有寓意纯洁的一面外，很多时候又被视为一种禁忌色，是死亡、凶兆、悲凉的象征。人们将丧事称为“白事”，办丧事时要设白色灵堂，悬挂白色挽幛、挽联，点白色蜡烛，亡者亲属要穿白色丧衣，戴白帽、白花，出殡时要打白纸幡、洒白色纸钱。

如今在很多地方，尤其城市，人们渐渐习惯了改用黑色来表达哀思：穿黑色衣服、臂带黑纱，灵堂内的挽联等也多用黑色。而在农村，丧事用白的传统得到了更多的保留。

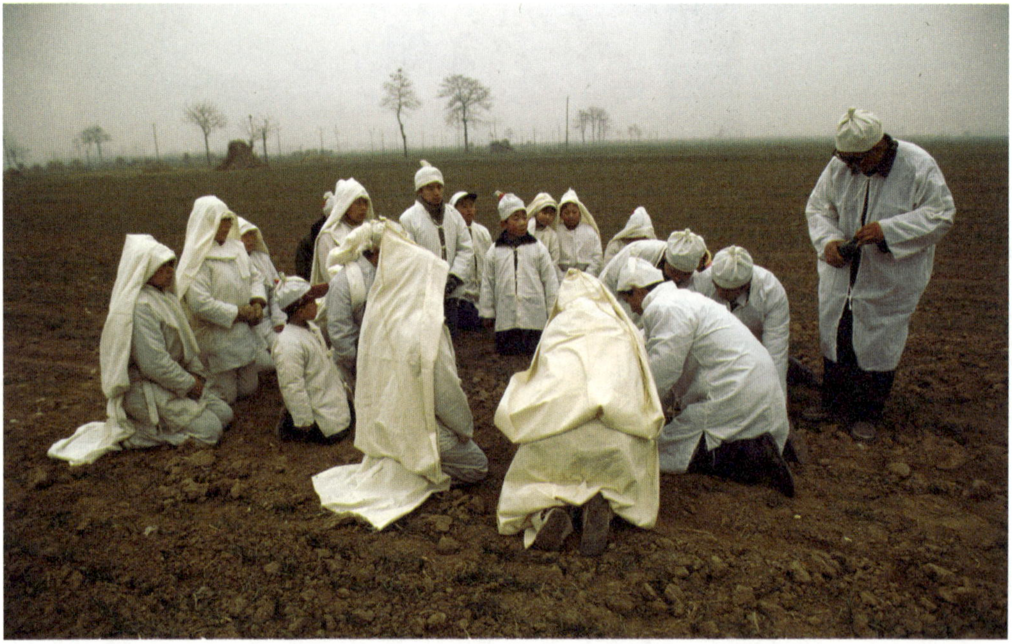

白色浪漫

20世纪之前，除了一些少数民族地区外，中国人的结婚仪式上红色是主流色彩，其次可以点缀黄色等，大忌的颜色是白色。即便是在其他日子，尤其节庆时，人们一般也忌讳穿纯白色的衣服，唯恐不吉利。

喜事用红，丧事用白，这两种颜色一直界限分明。当20世纪初有人把西式婚礼引进中国时，白色婚纱遭遇了严厉的谴责和反对——那么不吉利的颜色怎么能成为婚礼的主角？白色婚纱因此只是一度在一些大城市中流行，大多数的新郎、新娘照旧是在铺天盖地的红色中完成他们的婚礼。

直到近二十年间，白色婚纱才逐渐为中国人广泛接受。如今的婚礼中，新娘大都会将象征纯洁、神圣的白色婚纱作为首选。

黑白之道

黑与白是色彩系列中的两极，也是色彩最后的抽象。任何颜色在其明度与纯度上的升降，最后都只会有趋白或趋黑的选择。

中国人很早就懂得五色，道家学说创始人老子（约前571—约前471）却说："五色令人目盲。"老子又说："人法地，地法天，天法道，道法自然"，大意是人要与天地合德，与自然和谐统一。大自然有黑夜和白天，所以唯有黑、白二色，才是天地自然之本色，才能令人心静目正，贴近"道"的真谛。

大概正是因为有了这样的思想，黑、白二色才会在中国文化中那么频频地出场。以中国书画为例，一位艺术家便曾说："中国画笔、墨、纸这三大绘画材料要素相互结合之后，所形成的结果是一个典型的黑白体系。这个黑白体系是中华民族对世界艺术所作出的独特、伟大的贡献。"

冬季的中国北方山林，仿佛一幅天然的黑白水墨画。

大熊猫

黑白相间、憨态可掬的大熊猫，是中国特有的珍稀动物，被中国人称为“国宝”。

大熊猫是与恐龙同时代的古生物，在300多万年前，它们的足迹曾遍布中国南部和中部大部分地区，以及缅甸、越南等地。由于地质与气候的强烈变化，与它们同时代的动物物种相继灭绝，唯有大熊猫孑遗至今，成为宝贵的“活化石”。

目前全世界野生生存的大熊猫约有1500多只，它们分布在中国四川、陕西、甘肃等地的高山深谷之中。中国目前建立有59个大熊猫自然保护区，有效地保护了野生大熊猫种群。

丹顶鹤

丹顶鹤几乎全身纯白，颈部、翅上飞羽的一部分和脚则为黑色，显得素雅而高贵。它们还天生拥有一副优美体态：富于曲线的脖颈，挺直纤细的长足，昂首阔步时，骄矜潇洒，跳起舞来，更是飘逸不凡。

全世界现存的1200多只丹顶鹤中，近2/3生活在中国境内。在黑龙江扎龙、吉林向海和江苏盐城，都为这种国家一级动物建立有专门的保护区。

中国古人称丹顶鹤为“仙鹤”。在许多神话传说中，仙人得道成仙之时，都是驾着仙鹤而去。由于丹顶鹤寿命可长达60年，在鸟类中算是长寿者，它又被视为长寿、吉祥的象征，常与青松相提并论。中国人在给长者拜寿时，爱说“松鹤延年”、“松龄鹤寿”、“松鹤长春”一类的吉祥话，“松鹤图”也是从古至今人们非常熟悉的贺寿礼物。

安徽黟县宏村，被誉为“中国画里的乡村”。

白墙黑瓦

白墙与黑瓦的组合，构成了中国南方，尤其江南一带最常见的风景。

走在江南的很多古镇上，满目皆是白墙黑瓦的民居，黑白相间，错落有致，与小桥流水和悠长的小巷相映成趣。

位于安徽省南部黄山脚下新安江畔的徽州地区，以其保存完好的大量明清时代民居建筑群而蜚声中外。徽州建筑给人最深刻的印象，便是其呈现出的黑白之美。那里的每一个单体建筑，都有不同方向的坡屋顶和对应的马头墙，组成黑色的面和线，衬托着大面积的白色墙面。白墙黑瓦，与周围的明山秀水相互映照，远看犹如一幅镶嵌在青绿山水中的水墨画卷，清远而高雅。

徽州民居的白墙，最初并非出自对美的着意追求，只是为了防潮和反射阳光。后来，随着当地文化的发达，尤其是受到中国水墨山水画的影响，这种宁静、素雅，又与自然环境和谐共生的黑白之美，便越来越受到认可。

江苏水乡周庄

太极八卦图

太极

中国传统文化中最经典的黑白配伍，当属太极图。

中国古人认为，天地之道，以阴阳二气造化万物，所以浩瀚宇宙间的万事万物，都包含着阴和阳这互相对立又互相依存的两面。

由黑白二色组成的太极图，周到而完备地阐释了这种独特的宇宙观念。一条曲线将一个圆圈分为两半，形成一半白一半黑，白者象征阳，黑者象征阴。白色一半中有一个黑点，黑色一半中又有一个白点，表示阳中有阴，阴中有阳。过其圆心作任何一条直线将之分成两半，任何一半中都会包含阴阳两个因素。同时，二者又互为其根，在循环中此消彼长，相互转化。

看似简单的黑白二色，却包罗了天地间万事万物的规律。黑白是阴阳，黑白是天地，黑白是有无，黑白是虚实，黑白是动静，黑白是正反，黑白是刚柔……所有的一切，最终都可以归结于黑白。黑与白，在中国古代哲人的眼中已不再是单纯的颜色，它们直指着宇宙和生命的本质。

由太极原理推演而出的太极拳，是中国传统的健身术，它讲究刚柔并济、以柔克刚。

围棋

黑白与宇宙、人生的关系，在围棋中得到了更加生动的体现。

传说围棋是中古时代著名的帝王尧为了开启儿子的智慧而发明的，古人称之为“弈”。对弈的双方一方执白棋，一方执黑棋。棋盘由纵横19条线组成，共有361个交叉点，也就是361路棋路。整个棋局从始至终，都呈现为错落有致的黑白图案。

中国自古就有“天作棋盘星作子”的说法，棋局其实就是一个浓缩的天地宇宙，棋道就是天道、地道、人道。因此，下围棋不仅是一种智慧游戏，更被视为修身养性、怡情悟道的过程。

围棋的目标，不是一子一招的得失，它是由黑与白组成的对立统一的世界，善棋者应该知白守黑，掌握黑白间千变万化的规律，保持全体的平衡。千变万化的棋局，就仿若人生中的种种际遇，掌握了棋道精神，便可以从中体会到人生审时度势、因地制宜的智慧，甚至进而领悟生命、宇宙的真谛。

灰之篇

灰色界于黑色和白色之间，相比黑色，灰色显得隐蔽一些，内敛一些，朦胧一些，低调一些。它不像黑那么坚定决绝，它仿佛更有弹性，像是退一步的海阔天空，有着更潜在的力量和坚韧的耐性。

中国人最熟悉的灰色，是由建筑物的青砖灰瓦带来的。一般而言，中国传统建筑中，只有官式建筑才以强烈的色彩对比营造庄重华美的气氛，民间建筑大多呈现为朴素、宁静的灰色调。这样的色调，既不炫目，也不黯淡，属于视觉最不容易感到疲劳的颜色，也是与居住在其中的人们冲淡平和、悠然自得的心态最相符合的颜色。

灰石

自然界的石头大多为灰色。而中国人对于石头，有着一种特殊的感情。

从中国的山水画中我们便会发现，多石的山峰是多么受到人们的青睐。但大自然中的峰石美则美矣，却距离太远，不可能每天都能观赏，于是人们又将石头搬进园林，朝夕相对。在中国古典园林里，堂前屋后、墙角池畔，经常可见一石成景，或者数石堆垒而成的假山。这些石头大多为未加琢磨的天然形态，或挺拔峭立，或玲珑剔透，经过造园者巧妙的安置、组合，风姿各异，又自然天成。

历代文人爱石者甚多，有人呼石为兄，有人尊石为师，有人抱石而眠。他们赋予了石头更多的生命灵性。中国古代四大文学名著中的《西游记》和《红楼梦》，其主角都是从汇聚了天地灵气的石头化生而来，而《红楼梦》最初的书名，便是《石头记》。

◀安徽黄山素有“无峰不石，无石不巧”之说，它奇绝的峰石，成为历代文人山水画中最常见的主题之一。

中国园林中的假山石，仿佛自然生成的抽象雕塑，给人无限的遐想空间

山西云冈石窟。以石头为原料制成的石碑、石雕像等，遍布中国各地。

贵州布依族人的石头房。中国传统建筑大多为木结构，石头房一般见于少数民族民居。

古城墙

在古代中国，城墙是城市最重要的一种军事防御工事，历代城市营造都会在城墙上投入大量的人力和财力。城墙的长、高、宽，城墙上城楼、垛子的数目和大小，都体现着一座城市的等级和防御的重要程度。

宋代（960—1279）以前，城墙大多用石头垒成或用土夯成。随着火药的发明并广泛用于攻城，城墙包砖或用砖砌变得日益普遍。这些建筑材料使得各地城墙大都呈现为灰色。

保存至今的比较完整的古城墙已不多见，著名的有陕西西安、江苏南京、山西平遥等城市的古城墙。

山西平遥古城墙，已有600多年历史。

陕西西安古城墙，始建于14世纪70年代。

兵马俑

位于陕西西安附近的秦始皇陵兵马俑坑，被誉为世界古文明“第八大奇迹”。

秦始皇（前259—前210）创建了中国历史上第一个统一的中央集权封建国家，有“千古一帝”之称。他的陵墓工程巨大，耗时39年，征用民力最多时达70余万人。目前已发掘的部分，包括600多处陪葬坑、陪葬墓，其中最广为人知的便是兵马俑坑。

今天，当参观者进入兵马俑坑发掘现场，看到的是成千上万的灰黑色陶兵俑、陶马俑，他们井然有序地排列着，组成庞大的军阵，显示出一种震撼人心的整肃和威严。陶兵俑一般高1.8米，陶马俑一般高1.5米。令人称奇的是，他们没有哪两个是一模一样的，不同的长相，不同的姿态，不同的表情，大到身体结构，小到头发、眉毛、鞋带，全都精雕细刻，一丝不苟。

其实这些陶俑在最初制成入葬时，都敷涂有各种华美的色彩，只因火烧、浸泡和其它原因的破坏，色彩大都脱落，变成了现在这样的灰色军阵。

长城灰

在很多人看来，长城就是中国的象征。人们常常喜欢把它比喻为一条蜿蜒在中国大地上的长龙。无独有偶，这条长龙也是灰色的。

从公元前7世纪到公元17世纪，共有十余个王朝大兴土石，修筑长城。有专家测算，两千多年间历朝历代修筑长城的总长度，共有50000多公里。今天我们所见的长城，基本上为明代所筑，全长6700多公里。

不同朝代的长城在构造、建筑方法及形制方面都互有不同，而最后所形成的色彩效果，则因为所用建筑材料的类似，大体统一于灰色。

抚摸着那些古老的灰砖，我们今天似乎还能感受到那早已远逝的战火，感受到凝缩在这些砖石里的悲欢离合。长城是世界建筑史上的奇迹，然而每一次修筑长城，都是旷日持久的人、财、物的投入。每一道长城都有着相同的使命：将战争挡在墙外。在那些用汗水、泪水甚至鲜血垒筑起来的砖石上，寄托着世世代代中国人的虔诚愿望——和平。

四合院

若在十多二十年前，登上北京景山万春亭，放眼四周，你一定会望到一片由错落有致的大小胡同和四合院组成的灰色海洋，与紫禁城的红墙黄瓦遥相呼应。尽管随着城市改造步伐的加快，这样的景象已经无法再现，但依然还有一些灰色的胡同、灰色的四合院，在这个古老的都市里默默存在着，并成为北京传统建筑文化的标志性符号之一。

顾名思义，四合院就是东南西北四面建房，合围出一个院子。北京的四合院规模各异，相差悬殊。大者如旧时王公贵族的深宅大院，多达七进、九进，小者如寻常百姓之家，仅有一进院落。大大小小的四合院一个紧挨一个排列起来，便形成了北京最具特色的街巷——胡同。

绿荫掩映下的北京胡同

灰色的院墙之内，是一个个充满了无限生机的小天地。老北京的一句顺口溜“天棚鱼缸石榴树，老爷肥狗胖丫头”，便是四合院里普通百姓生活的生动写照。

胡同、四合院的灰，丝毫不事张扬，却暗暗孕育着蓬勃的生命。它体现的，是中国人传统的恬淡自如的生活气质。

四合院是中国北方城市民居的普遍样式。图为山西平遥四合院，同样是青砖灰瓦。

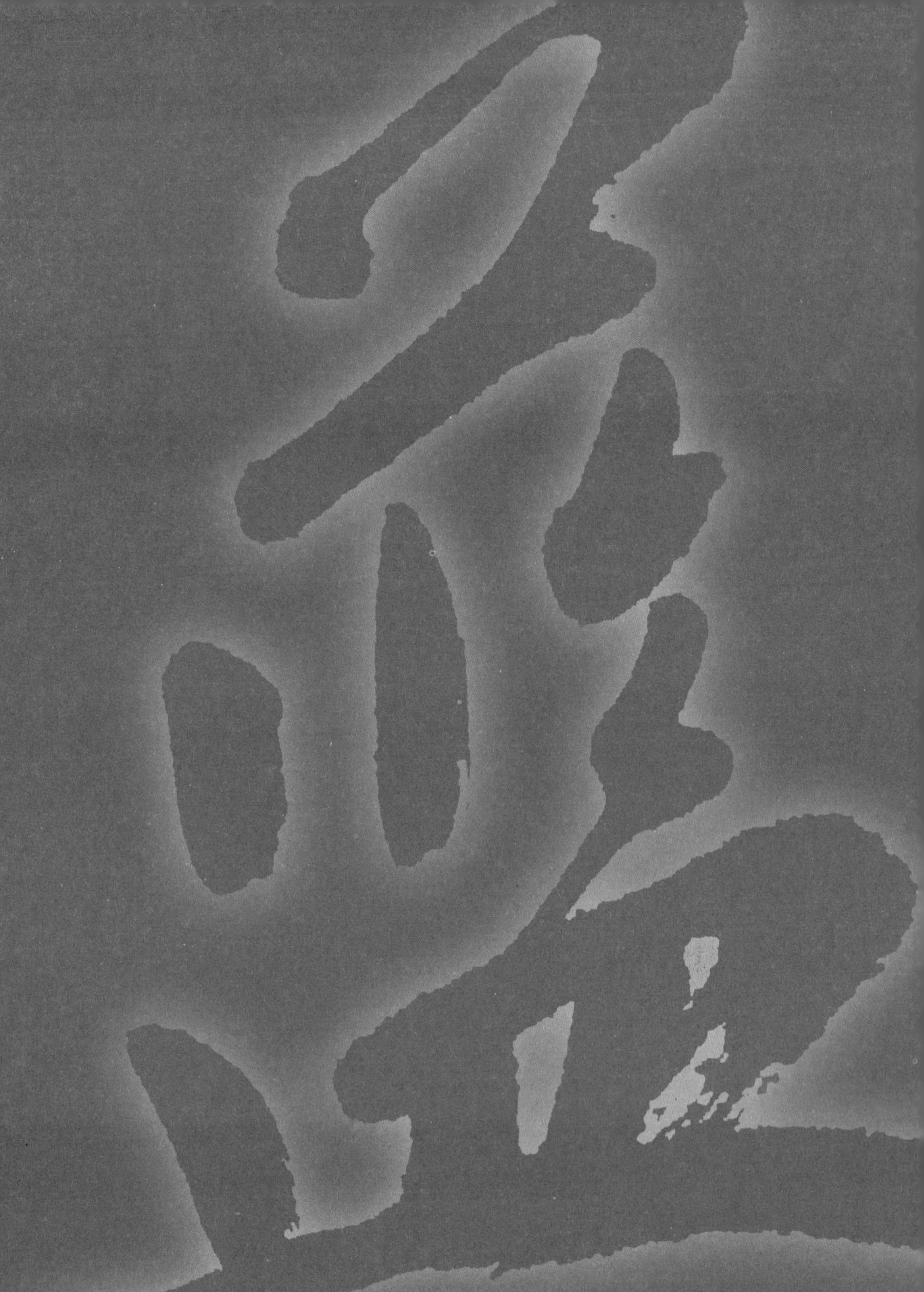

蓝之篇

万鸟翱翔的天空是蓝色的，千帆竞过的大海也是蓝色的。天空和大海是世界上最广阔的，它们都染上了蓝色。蓝色，宁静而深邃，是博大的色彩，也是永恒的色彩。

在中国传统文化里，蓝色并没有十分鲜明突出的象征意义。然而这并不妨碍蓝色在这片古老的土地上尽情散发它别样的韵味：青花瓷器展示着蓝的温婉与淡雅，靛蓝花布透出蓝的细腻与质朴，蓝琉璃之蓝纯净明亮，景泰蓝之蓝浓郁艳丽……点点滴滴的蓝，就这样装点着中国人的生活，滋润着中国人的心灵。

对于蒙古族等崇尚蓝色的民族而言，蓝色与他们的生活有着更加深厚的渊源。在他们眼中，蓝色是苍穹的色彩，是永恒、忠诚、坚贞和吉祥的象征。

天之蓝

蓝色是天空的颜色，这或许是人类对于蓝色最原始也最持久的印象。

中国的神话讲，最早的时候，天地连在一起，一片混沌，后来，是盘古用大板斧辟开了天和地，人类才得以产生。

在古代中国，无限而永恒的“天”一直是人们信奉崇拜的最高神灵。统治者也用“天”来证明自己的正统所在。中国历朝皇帝都自称为“天子”，宣称自己是接受“天”的使命，替“天”治理国家、管辖黎民。在所有的祭祀仪式中，祭天是最为隆重的，只有皇帝才享有祭天的资格。

蔚蓝大海

中国大陆的东部与南部濒临渤海、黄海、东海和南海，海域面积473万平方公里，大陆海岸线长约1.8万公里。在中国海域上，分布着5400个岛屿。

蓝色圣湖

西藏纳木错湖，湖面海拔4718米，是世界上海拔最高的咸水湖。纳木错在藏语中意为“天湖”，是藏传佛教的圣地，信徒们从藏区各地到此朝拜、转湖。

面积4583平方公里的青海湖，是中国第一大内陆湖，也是中国最大的咸水湖。在蒙语和藏语中，青海湖的意思都是“蓝色的海”。

清代青花盘

青花蓝

白地蓝花的青花瓷，凝固着中国古代艺术中最经典的蓝色。

青花瓷是运用天然钴料在瓷器坯胎上进行纹样描绘，再罩以透明釉，然后在高温1300℃上下一次烧成，使色料充分渗透于坯釉之中，从而呈现或浓丽或清淡的蓝色花纹。从13世纪至19世纪，青花瓷一直是中国瓷器生产的主流。

青花瓷自问世之初，就风靡世界。迄今许多国家的博物馆中，都珍藏着中国古代青花瓷。西方人喜欢称青花为“中国国瓷”，这不仅因为青花生产量大，更因为它完美地体现了中国人含蓄而典雅的审美传统。

与白瓷相比，青花瓷有了蓝的点染，显得更加生动隽永；而与其他彩瓷相比，青花瓷又只有最简单的蓝白二色，显得明净雅致。白与蓝的相互依衬、相得益彰，让人从青花瓷中体味出一种中国传统水墨画的风韵。

明代青花海水白龙瓶

与天辉映的殿堂

从北京长安街中心地段往南，步行不久，便可以张望到一重重蓝琉璃屋顶，与同样湛蓝的天空交相辉映。它告诉人们，世界上最大的祭天建筑群——天坛就快到了。

公元1420年，用工14年的天坛与紫禁城同时建成。从此，这里成为明、清两代王朝祭天之地。500多年间，先后有23位皇帝在这里举行过隆重的祭天典礼。

天坛里的一切建筑，都围绕着同一个主题展开：表达人们对“天”的尊崇。那些覆盖着天坛所有主要建筑顶部的蓝琉璃瓦，正是“天”的象征。最夺人眼目的是祈年殿，这座圆形大殿的三层重檐，全部由蓝琉璃瓦铺砌而成。

祈年殿原为矩形殿，1545年改为三重顶圆殿，当时殿顶从上至下，分别覆盖着蓝、黄、绿三色琉璃，寓意天、地、万物。1751年，清朝乾隆皇帝（1736–1795在位）下令将三色琉璃瓦统一改为蓝琉璃瓦，以更好地表达对天的敬畏和尊崇。而历代皇帝每次在登上祈年殿举行祭天大典之前，也要临时脱下黄袍，换上蓝衣，以最大的虔诚祈祷上天的庇佑。

琉璃蓝

北京故宫琉璃九龙壁中的蓝色龙

唐代蓝琉璃盘

景泰蓝

景泰蓝的学名叫“铜胎掐丝珐琅”，是中国特有的一门传统手工工艺。

公元14世纪，珐琅工艺由波斯传入中国。在西方以金属为胎填敷珐琅釉料烧造的工艺基础上，中国匠师们融入了中国传统的金属镶嵌工艺，又辅以陶瓷工艺中的一些技法，终于发展出这一完全中国化的工艺美术品种。由于它盛行于明景泰年间（1450—1456），制作出的成品釉色又多以蓝色调为主，故名“景泰蓝”。

旧时景泰蓝主要是供皇宫贵族享用，它成了权力与地位的象征。奢华的景泰蓝甚至使用全金内胎，镶嵌金丝。在故宫、颐和园里，人们可以看到那时留传下来的一些景泰蓝艺术珍品。

今天的景泰蓝依然保持着手工制作的传统，而且早已走向民间，广受人们喜爱。景泰蓝的颜色也变得更加丰富，不再只是蓝色一种底色。不过人们还是喜欢沿用这一名称，对景泰蓝最深的印象，也停留在了那古老而经典的蓝色上。

景泰蓝玉壶春瓶

景泰蓝茶具

白族妇女染制的蓝花布

蓝花布

在以小农经济为主的古代中国，“男耕女织”的生产模式使得民间家家户户都会织布，而且人们很早就学会了利用植物蓝草的色素来染布。几千里的时间里，蓝色一直是中国民间服饰最主要的颜色之一。

一幅幅染好的蓝花布经过反复淘洗，再在太阳下晾晒。

大约在一千三百多年前，蓝印花布出现了，原本单调、沉闷的蓝布一下鲜活了起来。人们的衣衫、被单、门帘、围裙、包袋，四处都有蓝印花布的身影。直到近代机印花布普及之前，手工蓝印花布始终与中国普通百姓的生活息息相关。

蓝印花布的原料——土布、染料均来自乡间，花布上的纹饰也都取材于民间生活，有山水风景、戏剧人物，更多的是由花草树木、飞禽走兽组成的吉祥纹样，寄寓着人们对生活朴素而美好的愿望。

深沉的靛蓝，朴素的白布，这二者的结合使蓝印花布有了简单却浓郁的美。相比柔软的丝绸，蓝印花布的质地未免太粗实；相比五彩的绫罗，它的色调未免太朴拙。但在那粗实和朴拙间，它又藏着一种暗暗的细腻，更散发着乡间泥土般的清新气息，耐得住慢慢地品味。

祭敖包，蒙古族人传统的祭祀神灵活动。

蒙古族少女

蓝色的蒙古高原

蒙古族主要分布于中国北方，是中国最大的游牧民族。蒙古族人曾将自己称为“呼和蒙古勒”，意思是蓝色的蒙古。

天一样的蓝色，在蒙古族人心目中是永恒、忠诚和坚贞的象征。蒙古语中，很多美好的事物都用蓝色来形容，如内蒙古自治区首府“呼和浩特”，意思就是蓝色的城。在给孩子取名时，很多蒙古族人也爱加入“呼和”（蓝色）二字。

蒙古族人爱穿蓝色衣服，他们在会客、拜见、祝寿、婚宴、祭祀等诸多场合下使用的哈达，也多为蓝色。蓝色的哈达不仅象征神圣、永恒的苍穹本色，还寓意着万事吉祥、美好如意的祝福。

蓝衣之韵

盛装的苗族姑娘

侗族村民为远来的客人唱起了拦路敬酒歌。

傈僳族男子

布依族男女对歌

绿之篇

绿色是大自然的本色，它蕴涵着生命，寓意着健康，象征着和平。在盎然的绿意中，人们呼吸着沁人心田的清新空气，也享受着恬淡明朗的自然心境。

中国人对绿色的偏好，离不开中国独特的天人合一观念。对中国文化和中国人性格气质影响至深的儒家、道家、佛家三家思想，都强调人要与天地合德，追求人与自然和谐统一的人生理想。绿色，也由此成为了永远停驻在中国人内心深处的一抹色彩。

大自然的青山绿水，是人们忘怀尘俗、放逐自由的家园，也是中国文学、绘画等传统艺术永恒的主题。天地间的一草一木，无论是浓绿的参天大树，还是清丽淡雅的翠竹，抑或吸收了天地造化精华的茶芽，都流淌着一份清新的绿，让人能从中体悟心灵与自然的对话，感受天人合一的最高境界。

长江三峡。长江是中国第一大河，也是中华文明的起源地之一。

总面积约10万平方公里的内蒙古呼伦贝尔大草原，是世界上天然草原保留面积最大的地方。

天山牧场。天山是亚洲中部的一条大山脉，平均海拔约5000米，横贯中国新疆中部，西端伸入哈萨克斯坦。天山山脉把新疆分成两部分：南边是塔里木盆地，北边是准噶尔盆地。塔里木盆地气候干燥，大多是沙漠地带；准噶尔盆地气候则相对湿润，绿洲众多，草场优良，畜牧业发达。自古以来，天山就是中国与中亚和西亚联系的重要通道，古代丝绸之路的一条支线经过天山，唐代佛僧玄奘（602–664）去印度取经时也取道这里。

长江中下游平原，这里历来是中国重要的“鱼米之乡。

广西龙胜梯田，当地人世代相继，历经700多年开垦而成。

青铜器

溢于青铜器上的绿，并非青铜器本有的颜色，而是在漫长的年代中，青铜器表面形成的一种绿色氧化层，人们常称为绿锈。绿锈经千百年自然而成，它不但不会腐蚀青铜器，反而有利于青铜器的保护。斑斑驳驳的绿，铭刻着岁月的痕迹，散发着久远的气息，为青铜器平添了几分历史的厚重。

青铜器是人类最先广泛使用的金属器。中国青铜工艺出现的时间，比古埃及、两河流域都晚，但其发达的程度，却是其他古文明难以比拟的。

中国古代青铜器的主体是礼器和兵器。青铜礼器是王室与贵族特权的体现，因而制作十分讲究。它的使用也有着严格的等级规定，不同级别的人，可以使用的青铜器的数量、器型大小和重量都不相同。在古代中国各种材质的制品中，青铜器可说是最富有礼制色彩的。

夏、商、周三朝（约前21世纪—前3世纪）之后，随着铁器时代的到来，曾经盛极一时的青铜器逐渐消沉，但它们却在中国历史上永远占据了超乎寻常的分量。

青铜人头像，四川三星堆遗址出土。三星堆青铜器大多造型夸张，与中原青铜器风格迥异。

商代（前1600—前1046）青铜器“父丁卣”

青瓷

公元3世纪至6世纪，青瓷的制造成为了当时中国发展最快的手工行业。唐代的越窑、宋代的龙泉窑、汝窑、耀州窑等，都是以烧造青瓷而享有盛誉的名窑。

青瓷之美，不在于器型的独特或者纹饰的繁缛，而在于它温润婉约、含蓄典雅的色泽。有人用“千峰翠色”来形容青瓷釉色之美，有人将之比喻为一泓湖绿的清漪，更多的人赞其青釉莹莹，质如碧玉。在中国人眼里，玉是天地日月之精华，有着玉一般色泽和质感的青瓷，便自然地成为了人们钟爱的对象。

青瓷之绿，莹润而洁净。透过似玉一般的青色釉层，人们体会到的，是一种静谧、恬闲和来自东方的雅致。

翡翠

在中国，玉被分为两种：软玉与硬玉。翡翠是一种硬玉，约在公元15世纪由缅甸流入中国，而中国传统的白玉、青玉、黄玉等则属于软玉。

翡翠的颜色丰富多彩，有红、绿、紫、蓝、黄、白等，其中以绿色最为艳美而名贵，所以狭义的“翡翠”实际就是“绿翡翠”。翡翠的绿又分很多种，深浅明暗不一。一般而言，其绿色越是饱满浓厚、鲜艳明亮、均匀柔和、纯正不带杂色，越是上品。

从清代开始，翡翠在中国受到了空前热烈的追捧。当时从缅甸源源不断输入中国的翡翠，往往为皇室、贵族所拥有。如今我们还能看到大量流传下来的清代翡翠制品，如鼻烟壶、首饰、陈设摆件等。

中国有句古话，“玉不琢不成器”。玉，石之美者，如果没有经过能工巧匠细心的雕琢，那它始终不过是块颜色鲜艳的石头罢了。中国古老的玉雕工艺在外来玉石翡翠上同样得到了淋漓尽致的发挥。灵巧的玉雕匠人会根据翠色在翡翠原石中的分布形状、大小等，依材施艺，巧妙避除原料中的杂质，使手下的翡翠制品达到最佳效果。

翠竹

天然脱俗的绿竹，自古以来便在中国人的生活中扮演着重要角色。李约瑟博士（Joseph Needham，1900—1995）对中国有过一个简洁的描述："这是一个竹子的国度。"竹文化，可以说是中华文化有别于其他文化的重要标志之一：竹筷是几千年里中国人每天都要使用的餐具；竹笋是中国人钟爱的食材；筒车是中国人独有的载具；竹简是中国古代最早的书籍样式；竹管毛笔使中国传统文化得以传承；竹笛、竹箫、竹笙等是中国特有的乐器；咏竹诗是中国诗里著名的分类；墨竹画代表中国画的心境……

不仅如此，爱竹的中国人更将竹升华为一种人生气节和品格规范。在人们心目中，青绿之竹，杆挺拔凌云，叶婆娑多姿，其潇洒自然，令人神往；竹又疏疏淡淡，不慕荣华；虚而有节，不媚不谄；四季常青，不畏风寒。在古代，不少文人都喜爱在自己的庭院中植上几株竹子，日日与竹相伴，视竹为友，以此来寄寓他们追求超脱的精神世界。宋代大文豪苏东坡（1037—1101）便曾说过："宁可食无肉，不可居无竹。无肉使人瘦，无竹使人俗。"

绿茶

中国是茶的故乡，种茶、制茶、饮茶均为天下先。中国茶因其制作工艺的不同，可分为绿茶、红茶、乌龙茶、黑茶、黄茶和白茶六大类。其中，绿茶是最古老，也是产量最大、最为普及的茶种。由于其干茶的色泽和冲泡后的茶汤、叶底均以绿色为主调，故名为绿茶。

绿茶是一种不发酵的茶叶，它在很大程度上保留了茶的本味，清新淡雅，回味悠长。现代科学已经证明，绿茶中保留的天然物质成分，对消炎、杀菌、防衰老、防癌抗癌等均有特殊效果，这也使绿茶逐渐成为了风行世界的健康饮料。

面对一杯上好的绿茶，比如浙江西湖龙井、安徽黄山毛峰、江苏洞庭碧螺春、四川蒙顶甘露等，善品茶者不会急于啜试，而是要讲究一看、二闻、三品。先欣赏干茶的色、形和香气；待茶投入水中，再欣赏一片片绿茶在水中慢慢舒展、游动和变幻，清幽的茶香也会随之而来；最后才是细品茶汤，从那清纯甘鲜、淡而有味中感受绿茶的至清、至醇、至美。

茶出自深山，吸收了天地造化的精华；茶又经加工，凝聚着人类的聪明才智。偷得浮生半日闲，寻一个安静的角落，沏上清新的绿茶，或独享其乐，或以茶会友，在那澄澈的绿波、氤氲的香味中，细细品，徐徐察，人与自然便这样合而为一了。

龙井新芽泡出的茶汤，汤色翠绿而清澈。

茶园

品茶之道，不仅讲究茶叶、茶具、水质和水温，还需要有平和从容的心境。

青松

在中国很多地方，一年四季保持着绿色的松树是最常见的树木。这种普通的植物常常会引发中国人很多的联想。在历代诗歌、绘画中，人们不断吟咏、描画松树，似乎永远不会厌倦。松树的长青、不凋，在贫瘠山崖上也能生长的旺盛生命力，都被中国人转化为一种顽强奋斗、坚忍不拔的高尚人格象征。在民间，松树还寓意着长寿，人们祝寿时常爱说“福如东海水长流，寿比南山松不老”一类的吉祥话。

新疆吐鲁番清真寺

宁夏银川南关清真寺

神圣之绿

绿色被伊斯兰教奉为神圣之色，是生命和希望的象征。

在7世纪中叶，伊斯兰教创立不久，就从阿拉伯地区传入中国。在中国56个民族中，回族、维吾尔族、哈萨克族、东乡族、柯尔克孜族、撒拉族、塔吉克族、乌孜别克族、保安族、塔塔尔族等10个民族都普遍信仰伊斯兰教。

对绿色的崇尚，体现在这些民族的服饰、宗教建筑、民居建筑中。维吾尔族男子常戴以绿色为基调的绿花帽，回族的很多妇女喜爱戴绿色头巾；穆斯林家中的门窗、墙面大都涂成绿色；清真寺的穹顶是绿色的，有的外墙也是绿色；清真寺里供祈祷用的地毯，底色多为绿色；出售清真食品的商铺，悬挂的标志也多以绿色为底……

黄之篇

金秋的树叶与丰收的农田，是大自然中最丰盈亮丽的黄色。黄色寓意着收获，是辉煌和灿烂的颜色。

黄色，与中国人、中国文化有着血肉相连的关系。在中国的创世神话中，天神用黄色的泥土造出了中国人的祖先。扎根于黄河边、黄土上的中国人，从起源伊始就与黄色结下了不解之缘。就连他们的肌肤中，也深深渗透了水土之黄。勤劳、善良、坚韧的中国人，在这片黄土地上，创造出了举世闻名的中华文明。

在中国古代很长的历史时期里，黄色又并非普通人可以随便使用的颜色。它与至高无上的皇权紧紧联系在一起，是尊贵、崇高的象征。于是在很多人眼中，中国的黄色又多了几分神秘的魅力。今天，黄色早已不再是某一阶层独享的专利，但每当提起那个时代，这种色彩的联想依然会出现在人们的脑海中。

丰收的农田

油菜花开

黄河上的船工

黄河

黄河，孕育中国古代文明的“摇篮”之一。它发源于青藏高原巴颜喀拉山北麓，自西向东奔腾5400多公里，流域面积75.2万平方公里。

两千多年前，中国人还只是简单地称这条大河为“河”。随着环境变迁，两岸大量流失的泥沙注入河流，河水日益浑黄，于是渐渐有了“黄河”之称。时至今日，一提到黄河，人们最先想到的，还是它那势如千军万马、奔腾不息的滚滚黄水。

大约在距今100万年以前，黄河流域就已经有了人类的踪迹。从公元前21世纪中国历史上第一个王朝夏朝开始，直到公元12世纪早期，黄河流域几乎始终是中国政治、经济和文化的中心所在。黄河沿岸的西安、洛阳、开封、郑州等，都是著名的古都。

千百年来，黄河水为沿岸生民带去了无穷的福祉，但它时不时也会制造出一些麻烦甚至灾祸。治理黄河是历代一件有关安民兴邦的大事。最为人们耳熟能详的，是约生活在公元前21世纪的大禹父子的治黄传说：父亲鲧用“堵”的方法治黄，最终失败；儿子禹则根据水的特性，采用极富哲学色彩的“疏导”之略，获得成功。今天，中国人依然在为治理黄河而努力。

◀黄河壶口瀑布，最高秒流量可达8000立方米。

黄土高原

黄土高原，这片黄河水奔腾而过的地区绵延37万平方公里，大部分为黄土覆盖，是世界上黄土分布最集中、覆盖厚度最深的区域。正是在穿越这段高原的过程中，黄河水冲刷裹挟进许多泥土，被“染”成了黄色。

肥力高、土质疏松的黄土层，便于农耕灌溉，加上湿润的气候，便孕育了中国最初的农业文明。在一则几乎每个中国人都熟知的神话中，有一位叫“女娲”的天神，就在这一带以黄土和清水捏泥造人，而这些“黄土人”便成为了中华民族的祖先。固然，这样的神话只是人们的想象，但厚重的黄土地上，的确深深地扎着中华民族的根。

黄土高原绵延起伏，沟壑纵横。一孔孔土黄色的窑洞，构成了高原上独特的风景。生活在这片黄土地上的人们，性情粗犷豪爽、自由奔放。高亢而悠长的信天游是他们世代传唱的民歌，它以最直白的语言、最本色的旋律，歌唱着黄土高原人的淳朴和刚毅。

丝绸之路

在中国西北部茫茫的沙漠中，有一幅延续了一千多年的图画：阳光铺撒在遍地的黄色沙粒上，载着各种商品的骆驼前后相继，缓慢地移动着四蹄。厚实的黄沙上深浅不一的足印，伴随着悠长的驼铃声，在浑黄无边的大漠中渐行渐远。这幅画有一个人们熟悉的名字，那就是“丝绸之路”。

公元前2世纪，一条从长安（今陕西西安）出发，经河西走廊，到达中亚、西亚甚至欧洲的贸易通道正式开通。由于这条路线上运送的物品以中国丝绸为大宗，德国地理学家李希霍芬（Ferdinand von Richthofen，1833—1905）将之命名为“丝绸之路”。

从公元前2世纪至公元13世纪，沿途各国的商人、使臣、僧侣们不断地穿梭于这条路上。丝绸之路就如一条彩带，连接着东方和西方。它是东西方之间的主要贸易通道，是古代中国文明作用于世界历史的重要杠杆，也是古代中国得以认识和吸纳世界其他文明的窗口。

丝绸之路上的名城交河故城，有着2000多年历史，是世界上保存最完好、最大的生土建筑城市。

故宫内等级最高的大殿太和殿

君权尊荣

当人们登上景山俯瞰北京城时，常常会惊叹于阳光下故宫那一重重熠熠生辉的黄色屋顶。而步入故宫，凝视着宫殿里那金光灿灿的穹顶、宝座和立柱，以及鎏金的大铜缸、铜兽，又会同样慨叹不已。在古代中国，黄色曾一度是皇家专享的颜色，至尊至贵。

北京故宫是明清两代的皇宫，宫中全部建筑屋顶均采用黄琉璃筒瓦，金碧辉煌。琉璃是中国古代建筑中的上等材料，而各色琉璃之中，黄琉璃专用于皇家宫殿、陵墓、园林和庙宇。这是从宋代开始沿袭下来的规矩。一些特殊的建筑，如祭祀孔子的孔庙，经过皇帝特批后，也可以使用黄琉璃覆顶。至于寻常百姓的房屋，绝不允许用黄色涂抹。所以故宫宫墙之外，普通百姓居住的四合院都只是青砖灰瓦。

金碧辉煌的太和殿内

清朝乾隆皇帝朝服像

清朝纯惠皇贵妃朝服像

黄袍

中国历史上有个“黄袍加身”的故事，说的是公元959年，一位皇帝病死，由他年幼的儿子即位，第二年，掌握兵权的将军赵匡胤被手下将士披上黄袍，拥为皇帝。为什么“黄袍”就代表着皇帝呢？

在更早的时候，中国皇帝其实并不穿黄色衣服。例如秦朝（前221—前206）崇尚黑色，帝王、百官都穿黑色衣服。

汉武帝（前140　前87在位）是第一个崇尚黄色的皇帝。自他以后，黄色逐渐成为最高级的服装颜色，但当时还未明令禁止民间服饰使用黄色。唐朝开国之后，即下令除皇帝之外，官员、百姓皆不得穿黄色衣服。这一规定一直延续到中国最后一个封建王朝清朝。

黄金之恋

对黄金的推崇和迷恋，可说是全世界范围的。古代埃及、希腊、两河流域都曾有过十分辉煌的黄金文化。相比之下，中国古人对黄金的追逐没有那么灼热，不过中国的黄金文化也独具特色。

中国人使用金器的历史可以追溯到距今4000多年前，但在长达1000多年的时间里，中原地区的人们似乎一直都沉迷在青铜器的光芒之中，黄金更多地是被人们用来对青铜器进行局部装饰。

大约从公元前3世纪开始，中国的金钿工艺开始逐渐成熟，最终脱离青铜器，走上了独立发展的道路。由于丝绸之路的开辟，西方的金器制品和制作工艺也源源不断地传入中国。人们发现，西方传入的锤打技艺更适合金银的成型和加工。这之后，真正意义上的金器开始成为中国黄金文化的主角，金器的形制、色泽、纹饰都日趋精致。

千百年来，有人歌颂黄金，也有人诅咒黄金。无论如何，当人类将自己的辛劳、智慧贯注其中，当金光灿灿的黄金不再是等价物而变成艺术品时，它便具有了永远迷人的魅力。它们不只是财富的象征，更是历史和文明留下的印迹。

战国时代（前475—前256）的黄金食具

清代金塔

田黄石

中国民间有“黄金易得，田黄难求”的说法。被人们视为比黄金还要珍贵的田黄，其实是一种以黄色为主的特殊石头——田黄石。

田黄石的珍贵，首先源于其稀有。它的产地，位于福建寿山一块面积仅约1平方公里的田中。它的形成，源于距今约2.3亿年~6700万年间的一次地质大变动：火山喷发的熔岩与周围岩石交融后冷却结晶成矿，随后矿石流入溪涧，经过溪水冲刷打磨，又被泥土滋润了若干万年，才造就了田黄石瑰丽的色泽、温润的质地和细腻的纹理。

人们常爱用田黄石来制作印章。北京故宫博物院内便藏有清朝乾隆皇帝、慈禧太后（1835—1908）等人使用过的田黄玺印。能工巧匠们还充分利用田黄石的天然色泽、形状、纹理，雕刻出各种以人物、山水、花鸟等为题材的作品，精巧玲珑，雅俗共赏。

浙江杭州抱朴道院

黄冠道士

道教是中国土生土长的宗教，至今已有1800多年历史。早期道教道士都身着黄色衣冠，所以道士又有“黄冠”的别称。后来，道士一般改穿蓝色长袍，但在受戒和其他一些法事活动中，仍会穿着黄色道袍。

河南洛阳白马寺僧人

佛法光辉

中国佛教源于古印度，大约在公元1世纪中叶传入中国，对中国古代社会、文化产生了深远影响。佛教认为，黄色（包括金色）是象征超世脱俗、佛法光辉之色，故其建筑、服饰、器皿中都广泛使用黄色：佛教寺庙称为“金刹”；佛教造像多为鎏金甚至纯金制成；僧人着黄色僧服；供器、法器很多涂金；还有人用金泥抄写佛经……

西藏拉萨大昭寺内供奉的鎏金佛像▶

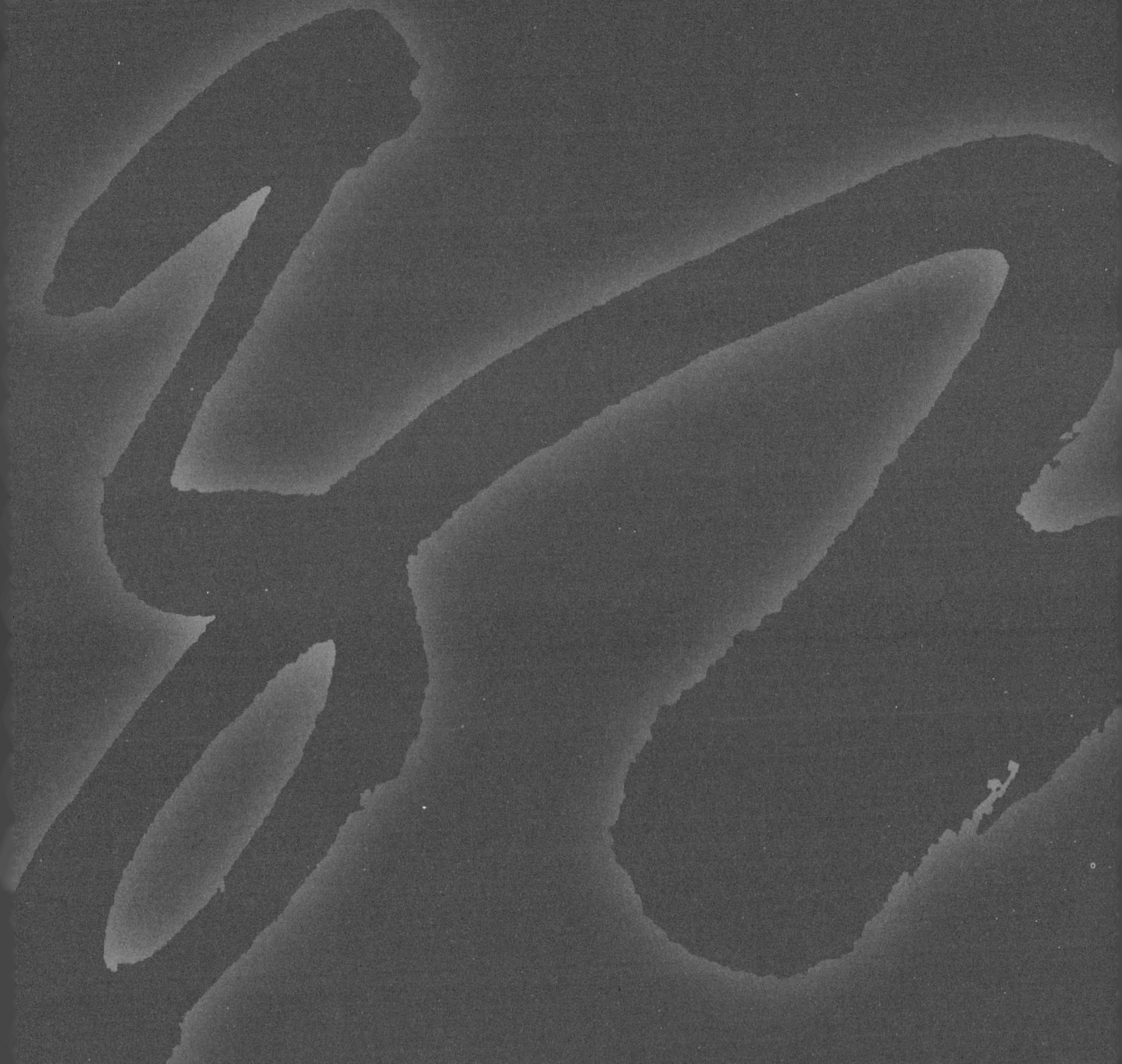

红之篇

在所有的颜色中，红色最热烈奔放。红色是火和太阳的颜色，是激情四射的颜色。红色，也是中国的象征色，是中国人心目中最完美的色彩。从古至今，中国人的生活中充满了各种红色的主题。在这个世界上，或许也只有中国人，才会将红色演绎得如此千姿万化、收放自如。

在中国的语言文字中，人们也可以感受到这种延续了千百年的红色情结。许多美好的事物人们都习惯用『红』来形容：『红火』象征兴隆旺盛，『红尘』比喻繁华的世界，美貌的女子为『红颜』，女子的盛妆为『红妆』，好的运气叫『红运』，备受宠爱的人叫『红人』……

中国的红色，沉淀了上下五千年的文化，透出一种独有的厚重。今天，世界变得越来越五光十色、绚丽多彩，但中国人对红色的热情依旧没有消退。红，作为一种特殊的图腾，已经构成了世代中国人共同的心灵记忆和文化认同。

红土地

在中国南方，广泛分布着一种在温暖多雨条件下发育而成的红色土壤。

云南东川的红土地，被认为是全世界除巴西里约热内卢红土地外，最有气势的红土地。在东川，方圆数百公里，层层叠叠的梯田里全是红土。由于当地人一直采取部分红土歇耕、部分红土栽种的方式，绿色的农田镶嵌在红色的大地上，再加上一年四季各种作物的花交替开放，远远看过去，深深浅浅的红色、绿色、白色、黄色，相间搭配成艳丽浓烈的色带、色块，起伏连绵，仿佛一直铺到了天边。

丹霞地貌

丹霞地貌，指红色砂砾岩经长期风化剥离和流水侵蚀，形成的孤立山峰和陡峭的奇岩怪石。目前全世界共发现丹霞地貌1200处，其中有700余处分布在中国。

朱门红墙

72万平方米的北京紫禁城，建筑近千幢，房屋近万间，用得最多的就是红、黄两种色彩。远观，一重重红色宫墙、红色宫门与屋顶上明黄的琉璃瓦交相辉映，分外夺目；近看，宫殿里红色的立柱、红色的窗户比比皆是，散溢着一种皇家的权势与威严。

中国印

红色是中国人在钤盖印章时专用的颜色。

从古至今，印章在中国都是标识身份和权力的一种重要工具。古时帝王的印章称“玺”，是至高无上的王权象征；各级官员、官署由皇帝颁发相应的公印；普通百姓有刻有自己姓名的个人名章；文人们又将印章用于书画题识，印文内容因而大为丰富，变得意趣盎然；即便是大字不识的人，他们也有自己特殊的印章——用手印“画押”。直至今日，印章仍然是官方正式文件最重要的凭证，并在人们的社会生活中发挥着重要作用。

在中国人心目中，印章是用以昭信的物件，它昭示着郑重的承诺和严格的信守，是交流沟通、互相信赖的凭据。醒目而庄重的红色，正是最能传递出印章诚信含义的颜色。

2008北京奥运会会徽“中国印·舞动的北京”

红木家具

有着深红色泽的红木家具，因其典雅、华贵，备受中国人推崇。

公元15世纪至17世纪，约当明代中期至清代前期，是中国传统红木家具的黄金时期。这一时期生产的红木家具，是中国古典家具中的精华。其选料精良，大都采用紫檀、黄花梨、鸡翅木等优质硬木制成，色泽沉稳淡雅；造型简约，线条流畅明快；所有组合联接全凭精密的榫卯结构，不用一颗钉子，宛如天成。

红脸

京剧中的红色脸谱，一般表示所饰人物忠勇正直。比如三国时代（220—280）的大将关羽，与刘备先为结义兄弟，后为君臣，不管刘备处于何种境况，关羽都忠心耿耿地拥戴他。在民间百姓的心目中，关羽是忠义的象征，人们尊称他为“关公”、“武圣”，各地建有大量专门供奉他的关公庙。

正月里，生活在贵州凯里的苗族人男女老少个个涂着红花脸，挑着礼物，到邻寨走亲戚。按照当地苗族习俗，凡是重大的喜庆节日和有贵宾前来，他们都要把脸涂红。

家家户户忙着挂灯笼、贴春联、贴年画，迎接新年。

元宵节灯会

火红春节

春节是中国农历新年的开始，是中国民间最热闹、最隆重的一个节日。象征热情、温暖、喜庆、吉祥的红色，从始至终地包围着这个中国人最重视的节日。

春节到来之前，家家户户都会精心选购一幅大红的春联，贴在自家门前。大大小小的红色“福”字随处可见，很多人家还有意将“福”字倒过来贴，寓意幸福临门。各家各户门前挂起的大红灯笼，窗户上贴的鲜红窗花，成了春节里另一道美丽的风景。在乡村，人们还会在门上贴上红色的门神画，室内贴上以红色为主的各种年画。

正月里，人们四处走亲访友。长辈通常要给小孩“压岁钱”，民间习俗认为这样可以保佑孩子新的一年平安健康。这种寄托着美好祝愿的礼物，也要很讲究地装在专门的红纸包里。

即便是在人们觉得“年味”越来越淡的现代都市，走在春节时的街头，你眼里同样会是挥之不去的红色：路边悬挂着的红色灯笼、红色绸缎、红色中国结；商场、饭店里迎面而来的各种红色饰物；身着耀眼红装，洋溢着幸福笑容的行人……在一片红色海洋中，你会发现，属于中国人独有的春节，还在绵延着那份不变的韵味。

春节里的娱乐活动：舞狮▶

红色婚礼吸引了不少外国朋友。

大红婚礼

千百年来，再也没有一种颜色能像红色那样，如此贴切于中国传统婚礼上热烈、喜庆的气氛，以至于红色元素竟成为了中式婚礼的标志。

按照传统习俗，婚礼当天，新郎要身着红色长袍马褂，胸前戴着大红花，在媒人、傧相等陪同下，随着大红的花轿前往新娘家接亲。在家等候的新娘早已穿上了簇新的大红绣袄、绣裙，并披上红色头盖遮住面孔。新娘在叩别父母后，选定吉时和新郎一起离开娘家。到达男家后，在被大红彩绸、大红囍字装点得喜气洋洋的厅堂，新郎新娘要行“拜堂”之礼，先拜天地，然后依次拜见公婆及尊长亲戚，最后夫妻对拜。礼毕之后，新人由亲友送入新房。新房里更是一片红色的海洋，红色的囍字、红色的蜡烛、红色的帷幔、红色的被褥……

今天的中式婚礼中，除了传统的大红囍字、红色礼服等外，还增添了更多的红色元素，如红色的喜帖、喜糖，红色婚车，红色玫瑰花。还有更多人既喜欢西方婚礼的白色浪漫情怀，又割舍不下中国婚礼的红色喜庆氛围，于是他们会选择中西合璧的婚礼，两全其美。

一对农村新人的结婚照

红色情结

在中国民间，红色被认为是一种能够帮助人们趋吉避凶、消灾免祸的颜色。

家中有添丁之喜，人们大都会在小孩出生当天或满月那天，向亲朋好友、街坊四邻送上特意染成红色的煮鸡蛋。红色代表着喜气，分发红鸡蛋是向众人“报喜”；同时红色也是生命的颜色，寓意着家中长辈希望孩子一生平安健康的美好心愿。很多地方还有给小孩子系红肚兜、穿红色虎头鞋的习俗。人们觉得红色能够驱走邪魔，保佑孩子健康长大。

每到“本命年”，人们还要穿上红色内衣，系上红色腰带。“本命年”是中国独有的一种说法。从出生开始，每过12年，人们就要遇到自己的“本命年”。由于本命年常常被认为是不吉利的，故而需要用象征吉祥和生命的红色来避邪护身。

这些古老的习俗直到今天仍在流行。虽然如今人们并不真信红色能够驱走灾祸，但也乐得用这种传统的方式讨一个吉利。

身穿红肚兜的农家小孩

◀虎头鞋

黄土高原上的腰鼓队

红色的辣椒也被人们视为红火兴旺的象征。

民间剪纸常用红色来象征吉祥、喜庆。

西藏拉萨布达拉宫

喇嘛们在辩经。

西藏之红

从火热的骄阳到人们的脸膛，从林立的庙宇到喇嘛们的袈裟，红色在西藏随处可见。

红与白是西藏建筑中最常见的两种颜色。白色象征平和、善事，红色象征力量、权力。气势恢宏的布达拉宫，是西藏历世达赖喇嘛生活起居和从事政治、宗教活动的场所，其建筑分红宫与白宫。红宫位于布达拉宫的中心和顶点，历代达赖喇嘛的灵塔都安放在那里。

红妆

红妆，本是指女子红色的衣装，又被用来形容年轻貌美的女子。在汉语中，人们还用很多类似带“红”字的词语，如红颜、红粉、红袖、红裙等，来称呼美丽的女子。从这些词语中不难看出，红色在中国人心目中，已经成了美丽的化身。

生活在广西龙胜境内的红瑶是瑶族的一支，因他们的服饰以红色为主，故自称“红瑶”。

在海南三亚举办的“世界小姐”大赛上，各国佳丽身着中国旗袍。在很多人看来，唯有红色，才能最全面又最独到地传递出这种传统服装的中国韵味。

自20世纪90年代中期以来，来自东方的红色一直风靡世界时装界。不仅如此，世界著名的瓷器、珠宝、家居饰品等，也都染上了红色的印记。

魅力中国红

红色，已经成为了人们心目中最能代表中国的颜色。这一来自中国的色彩，不但拥有了一个动听的名字——“中国红”，而且越来越多地被不同国家的人理解、接受和喜爱。

似火般热情的“中国红”，现代而古典，奔放又含蓄。它看似默默无语，实际却在生动地向世界讲述着有关中国、中国人和中国文化的故事。

为中国足球队加油助威的中国球迷

2004年1月24日晚，法国巴黎塞纳河畔，在欢庆中国春节的日子，时逢中法建交40周年，埃菲尔铁塔披上了大红的衣裳。▶

图书在版编目 (CIP) 数据

多彩中国 / 梁敏玲著. -- 北京：五洲传播出版社，2023.1

ISBN 978-7-5085-4999-6

Ⅰ. ①多… Ⅱ. ①梁… Ⅲ. ①中国－概况 Ⅳ. ①K92

中国版本图书馆CIP数据核字(2022)第241101号

多彩中国

撰　　文：梁敏玲
图片提供：张超音　全景视觉　东方IC　China Foto Press
责任编辑：苏　谦
装帧设计：闫志杰
篇章页书法题字：常健君
设计制作：刘　娜　真　真
出版发行：五洲传播出版社
地　　址：北京市海淀区北三环中路 31 号生产力大楼 B 座 6 层
邮　　编：100088
发行电话：010-82005927　010-82007837
网　　址：http://www.cicc.org.cn　http://www.thatsbooks.com
印　　刷：北京市房山腾龙印刷厂
版　　次：2023 年 1 月第 1 版第 1 次印刷
开　　本：787 × 1092 mm　1/16
印　　张：9.5
字　　数：25 千字
定　　价：68.00元